Rudolf Steiner

Anthroposophie als
persönlicher Lebensweg

W0013076

Rudolf Steiner wurde am 27. Februar 1861 in Kraljevec auf der Murinsel in Kroatien, nahe der Grenze zu Ungarn, als Sohn eines Stationsvorstehers bei der österreichischen Südbahn geboren und starb am 30. März 1925 in Dornach in der Schweiz. Das Leben und Werk des Erbauers des avantgardistischen, in Beton gegossenen zweiten Goetheanum ist mit seinen rastlosen Reisen und über 6000 gehaltenen Vorträgen quer durch Europa ein einzigartiges Phänomen des 20. Jahrhunderts.

Er studierte Natur- und Ingenieurwissenschaften in Wien, promovierte in Philosophie an der Universität Rostock, gab die naturwissenschaftlichen Schriften Goethes in Weimar heraus, begründete die Anthroposophie in Berlin, die Waldorfpädagogik in Stuttgart, die biologisch-dynamische Landwirtschaft in Koberwitz bei Breslau, die anthroposophisch erweiterte Medizin und die Heilpädagogik. In München brachte er seine vier *Mysteriendramen* zur Uraufführung. Er inspirierte eine geistig geprägte organische Architektur, eine neue Bewegungskunst, die Eurythmie, und eine erneuerte Kunst des Wortes.

Seine philosophisch-anthroposophischen Hauptwerke sind: *Die Philosophie der Freiheit; Theosophie – Einführung in übersinnliche Welterkenntnis und Menschenbestimmung; Wie erlangt man Erkenntnisse der höheren Welten?* und *Die Geheimwissenschaft im Umriss.*

Sein Hauptantrieb war es, aus einer neuen Erkenntnis des Geistigen im Menschen wie im Kosmos die Freiheit und Initiativkraft aller Menschen zu fördern.

Rudolf Steiner
Anthroposophie als persönlicher Lebensweg

Herausgegeben von Jean-Claude Lin
mit einer Einleitung von Lydia Fechner

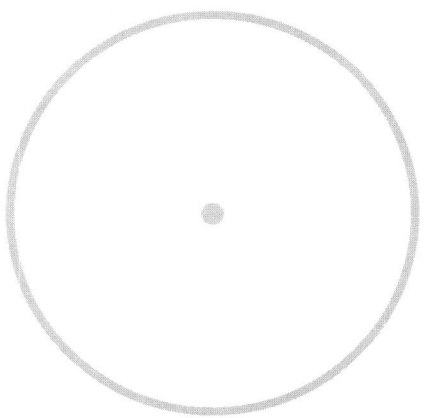

Verlag Freies Geistesleben

Rudolf Steiner Impulse
Werde ein Mensch mit Initiative
Grundlagen Ressourcen Perspektiven

4. Anthroposophie als persönlicher Lebensweg

Der von Rudolf Steiner am 16. November 1923 in Den Haag, anlässlich der Gründung der Anthroposophischen Gesellschaft in den Niederlanden öffentlich gehaltene Vortrag ist dem Band *Der übersinnliche Mensch anthroposophisch erfasst*, Gesamtausgabe Bibl.-Nr. 231, 3. Auflage Dornach 1982, entnommen. Der Abdruck erfolgt mit freundlicher Genehmigung des Rudolf Steiner Verlags, Dornach/Schweiz.

1. Auflage 2010

Verlag Freies Geistesleben
Landhausstraße 82, 70190 Stuttgart
Internet: www.geistesleben.com

ISBN 978-3-7725-2704-3

© 2010 Verlag Freies Geistesleben
& Urachhaus GmbH, Stuttgart
Grafische Gesamtkonzeption: Maria A. Kafitz
Satz und Herstellung: Patricia Hagel
Druck: Bercker, Kevelaer
Printed in Germany

Inhalt

«Dadurch, dass wir auf einem persönlichen Lebenswege zu einer ewigen geistigen Wesenheit vordringen, dadurch stellt sich unsere Persönlichkeit erst in der richtigen Nuance in die wirkliche Welt hinein, denn dadurch bekommen wir das Bewusstsein, dass auf jeden von uns als Persönlichkeit gerechnet ist.»

Rudolf Steiner, Den Haag, 16. November 1923

Anthroposophie als persönlicher Lebensweg

Eine Einleitung von Lydia Fechner

Rudolf Steiners Vortrag vom 16. November 1923 handelt vom persönlichen Weg des Menschen zur Wahrheit. Dabei geht es ihm nicht um die dogmatische, abstrakte Wahrheit einer Lehre, die man wie ein äußeres Kleid anlegen kann und in dessen Besitz man sich wähnt. Steiner stellt keine Theorie auf, die definieren kann, was Wahrheit endgültig ist, sondern betrachtet zunächst einmal ganz lebensnah die *Wirkung* von bestimmten «Wahrheiten» auf den Menschen.

Da ist zunächst die Beobachtung, dass der Mensch ein ganz anderes Verhältnis zu Erkenntnissen erhält, wenn er sie selbst erringt, wenn sie ihn etwas angehen, wenn er etwas an ihnen erleben und über sich selbst erfahren kann, als wenn er sie von außen, in sich aufnehmen muss. Theoretisches Wissen steht immer in Gefahr, sich vom Menschen loszulösen.

Rudolf Steiner ist der Ansicht, dass eine solchermaßen «unpersönlich» aufgenommene Wahrheit keinen realen Bezug zur Welt herstellen kann. In einem Vortrag vom 22. Oktober 1909 über die Mission der Wahrheit unterscheidet er bereits zwei ganz unterschiedliche Haltungen des Menschen in Bezug auf die Wahrheitsfindung.[1] Er unterscheidet dort «nachgedachte» von «vorgedachten» Wahrheiten. Im Nachdenken bildet der Mensch tatsächlich die gewordene Welt in seinem Denken nach. Ganz anders aber verhält es sich mit dem Vordenken. Denn hier gewinnt der Mensch ein schöpferisches Weltverhältnis. Alles, was er so denkt, kann er nicht aus der Beobachtung der Natur erhalten, sondern muss er es aus sich selbst, durch eigene Kraft hervorbringen. Dem Menschen, der bloß nachdenkt über die Welt, prophezeit Steiner eine düstere Zukunft: ein verödetes, vereinsamtes und erkaltendes Seelenleben. Währenddessen aber das Leben im Vordenken, also im Zustand innerer Produktivität, belebend, kraftspendend und die Persönlichkeit stärkend sei. Die Wahrheit des Nachdenkens realisiert sich im Erkennen; die

Wahrheit des Vordenkens aber kann sich nur im Handeln verwirklichen.

Die Wahrheit des Vordenkers bewährt sich im Leben, indem der Mensch Neues schafft und die Welt verändert. Dazu muss er aber eine ganz andere innere Einstellung mitbringen als der Nachdenker: Er muss sich trauen, er muss mutig sein, ein Wagnis im Denken selbst einzugehen, von dem er erst sagen kann, dass es «wahr» ist, wenn es sich realisieren lässt – in der denkenden Wahrheitssuche, aber auch, wenn es Früchte in der Welt trägt. Dann setzt die Suche nach der «Wahrheit der Situation» unsere eigene Entwicklung in Gang und wird ein wirklicher Lebensvorgang.

Anthroposophie – so Steiner – sei eigentlich niemals aus einem Nachdenken zu erfassen, sondern setze den vor(aus)denkenden Menschen voraus; Anthroposophie rechnet nicht mit dem Nachbeter, Zitierer oder «Schüler,» sondern mit dem kühnen Denker, dem produktiven Geist, dem «Menschen der Initiative.»

Und so sind wir bei der frappierenden Erkenntnis angelangt, die einen Kristallisationspunkt des folgenden Vortrages ausmacht: dass nämlich «diese Begriffe *Wahrheit* und *Irrtum, richtig* und *falsch* ... sich im unmittelbaren Erleben der geisteswissenschaftlichen Wahrheiten [ändern].» Denn sie gelten nur für die äußere Welt, also die Natur. Sie ändern sich in die Begriffe «gesund» und «krank», in Zustände, die die menschliche Persönlichkeit als ganze ergreifen und betreffen.

Die anfangs gestellte, scheinbar reine Erkenntnisfrage nach der Wahrheit verwandelt sich in eine Lebens-, ja in eine Überlebensfrage. Die Spannung zwischen den Gegensatzpaaren Bewusstsein/Leben oder Erkennen/Sein löst sich auf, denn beide Pole des menschlichen Daseins, das Bewusstsein und das Leben, fallen hier in eins zusammen. Indem der Mensch «Wahrheit produziert», nicht im subjektiven Sinne, sondern im lebendigen Weltverhältnis, wird er zum Mitschöpfer, und diese Schaffenskraft erstreckt sich bis in die eigene Leiblichkeit.

Eine anthroposophische Lebenshaltung wäre nach Steiner keine, die nur das Wissen, das «Kennertum», also den Bewusstseinspol des

Menschen anspricht. Nein, sie ist eine Haltung, die das ganz persönliche Leben des Menschen angeht und verändert. Sie hat biographische Konsequenzen, so wie eine Begegnung mit einem guten Freund das Leben verändert. Anthroposophie verträgt kein distanziertes, akademisches Ansinnen, kein «Draußenbleiben» der Person. Sie lässt nicht gleichgültig. Und so kann Steiner auch sagen, dass einem die Anthroposophie wirklich wie ein Freund, ein Wesen ist, zu dem man Liebe empfinden kann.

Das geistige Erkennen selbst ist ein produktives. Die Ergebnisse dieses produktiven Erkennens sollen nun aber nicht in die passiven Seelen «nachdenkender» Anthroposophen fallen. Sondern es geht um ein reales Lebensbedürfnis, um ein eigenes Grenzerlebnis, das die ganze menschliche Persönlichkeit betrifft. Nur insofern können «anthroposophische Wahrheiten» «Nahrung» werden, wie es im Vortrag heißt. Und nur so können sie nicht mehr einfach wahr, sondern gesund sein. Einmal aufmerksam geworden auf diesen Unterschied, werden wir sehr schnell bemerken, welche Wirkung dasjenige auf uns hat, mit dem wir uns beschäftigen. Ob es uns innerlich ergreift und inspiriert oder ob es uns in Wirklichkeit langweilt und lähmt. Und wahrscheinlich werden wir nicht anders können, als daraus Konsequenzen zu ziehen und die Erfahrungen aufsuchen, in denen wir mit gesunden Wahrheiten umgehen können und die krankmachenden meiden. Wir werden auch bemerken, ob andere Menschen aus einem angelesenen Wissen heraus sprechen oder ob sie einen eigenständigen, produktiven Zugang gewagt haben. Als Nachdenker liebt man das Vollkommene, das System, das «Wasserdichte», das verlässliche Ergebnis; als Vordenker wagt man den Versuch, den mutigen Wurf, die Fragehaltung und die Diskussion.

Rudolf Steiners Begriff des Persönlichen in diesem Haager Vortrag ist ungewöhnlich. In den meisten Fällen findet sich in seinem Werk nämlich die Forderung, dass um der höheren Erkenntnis willen das Persönliche zugunsten eines Überpersönlichen, das geistig gesehen das eigentlich Individuelle ist, überwunden werden müsse. Wenn wir diesen Gesichtspunkt einnehmen, schauen wir auf die Einseitigkeiten und Schwächen des Einzelnen, der sich dadurch selbst einen wirklichen Weg zur Wahrheit verbaut, dass er immer nur sich selbst sieht und nicht das, was ihm entgegenkommt. Nehmen wir aber die Perspektive des Haager Vortrages ein, so blicken wir auf einen Prozess, der sich nur dadurch vollziehen kann, dass der Mensch sich in einem Leib inkarniert, also eine ganz bestimmte Persönlichkeit ausbildet und damit erst individuell wird. Dabei vergisst er als irdischer Mensch zwar seine geistige Herkunft, aber nur dadurch kann er eine wirklich authentische spirituelle Liebe entwickeln: Denn das Geistige ist ihm zu etwas Fremdem geworden. Wahre Liebe bezieht sich nicht auf etwas, das mir selbst angehört, sondern auf ein Anderes, das ich aus freier Entscheidung in mich aufnehmen will. Nur durch Vergessen entsteht somit neuer Freiraum. Diese Freiheit des menschlichen Erkenntnisweges erst offenbart das eigentlich Menschliche, und es schließt das Persönliche mit ein. Steiner artikuliert die Erwartung, dass wir uns unserer Suche stellen, auch für die geistige Welt selbst, die auf jeden einzelnen Menschen zählt, d.h. auf seinen ganz eigenständigen Weg zur geistigen Erfahrung.

Solange wir noch immer Wahrheit und Irrtum als Instanzen betrachten, die irgendwo außerhalb von uns ihr Dasein fristen, stehen wir selbst noch außerhalb der Wahrheit. Wir machen uns zu Sklaven von Anforderungen, Dogmen und Lehren, zu denen wir kein persönliches Verhältnis gefunden haben. Das Steinersche Wahrheitsverständnis fordert uns auf, unser eigenes, aktives, produktives Leben zu führen, Grenzerlebnisse aufzusuchen und das zu tun, was wir wahrhaft einsehen können. «Letztendlich wird die Wahrheit das Gesicht des Menschen selbst, des *Ich bin* annehmen.»[2] Und dadurch wird sie erst gesundend wirken und fruchtbar werden für die Welt.

Anthroposophie als persönlicher Lebensweg

Ein Vortrag von Rudolf Steiner
Den Haag, 16. November 1923

Gestern habe ich mir erlaubt darzustellen, wie der Weg des Menschen, zu einer Erkenntnis der geistigen Welt zu wandern, möglich ist und wie dadurch, dass ein solcher Weg heute als eine Möglichkeit hingestellt wird, tatsächlich einem tiefen Bedürfnis, ich möchte sagen, einem Hunger der gegenwärtigen Menschheit nach einer übersinnlichen Erkenntnis Genüge geschehen kann. Es wird nun aus der gestrigen Schilderung ersichtlich geworden sein, wie dieser Weg zu geistigen Erkenntnissen in die unmittelbare Nähe des elementarsten menschlichen Strebens, des elementarsten inneren menschlichen Seelenlebens dringt. Musste ich doch schildern, wie eine solche Erkenntnis des Ewigen in der Menschenseele nur möglich ist, wenn der Mensch erst gewisse innere vorbereitende Seelenerlebnisse durchmacht und dadurch gewissermaßen das sonst für die Welt des Geistes schlafende Bewusstsein erst aufweckt.

Dadurch unterscheidet sich das, was als eine solche übersinnliche Erkenntnis, als eine Erkenntnis des Ewigen in der Menschenwesenheit gestern geschildert werden konnte, ganz wesentlich von dem, was heute als die einzig anerkannte Erkenntnisart gilt, was ja, wie ich gestern auseinandersetzte, überall zu Grenzen dieser Erkenntnis führt. Sehen wir nur einmal darauf hin, wie das, was heute, sei es durch Beobachtung, sei es durch Experiment, aber doch in alledem nur durch die Betätigung des Verstandes an der Beobachtung und an dem Experiment als Erkenntnis gewonnen wird, einen ganz und gar unpersönlichen Charakter trägt. Dieser unpersönliche Charakter tritt uns gerade dann am lebhaftesten entgegen, wenn wir durch unser Schicksal an das heute gebräuchliche Erkenntnisleben näher herangeführt wurden. Aber wo ist denn dieses Erkenntnisleben? Man könnte sagen, es ist in Büchern. Es ist in einer mehr oder weniger geschriebenen Tradition, und der Mensch nimmt es sehr häufig, allermeistens, durch äußere

Veranlassung auf. Bedenken wir doch nur einmal ganz ehrlich mit uns selbst vorgehend, wie der Mensch heute herangebändigt werden muss zu dem, was anerkannte Erkenntnis ist und wie er im Hinblick auf alle die Prozeduren, die er zur Erlangung einer solchen Erkenntnis durchzumachen hatte, oft sehr froh ist, wenn er, hineintretend in die Fragen des praktischen Lebens, wiederum alle diese Dinge zum größten Teile den Büchern – der Objektivität könnten wir sagen, damit es schöner klingt – überlassen kann. Er will dann wieder ganz Mensch sein, will nicht bei dem stehen bleiben, von dem man immer mit einem solchen Stolz sagt, «man» hat es gefunden. Wie tritt einem doch dies «Man hat es gefunden» auf allen Gebieten entgegen! Wenn jemand aus den Tiefen seines Erlebens behauptet, etwas gefunden zu haben, dann wird gleich einer, der fix ist auf dem Gebiete des Wissenschaftslebens, kommen und sagen: Das stimmt aber nicht zu dem, was «man» gefunden hat, was wissenschaftliche Erkenntnis ist.

So möchte ich sagen, die Erkenntnis ist etwas, was sich abgesondert hat von dem unmittelbaren, herzlichen Erleben des persönlichen Menschen. Man glaubt sogar, es könne nur dann etwas wahr sein, wenn es abgesondert von alledem, was aus dem unmittelbaren Gemüt der menschlichen Natur heraus kommt, erlebt wird. Dagegen musste ich Ihnen gestern einen Erkenntnisweg schildern, der nicht so ist, sondern der einen persönlich in Anspruch nimmt, der auch unmittelbar das menschliche Gemüt elementar beteiligt. Man kann ihn nicht goutieren, wenn ich so sagen darf, ohne dass man mit dem innersten Herzen dabei ist. Da wird also die Erkenntnis an die menschliche Persönlichkeit herangeführt. Und heute möchte ich Ihnen einmal sprechen von allen Folgen dieser Heranführung der Erkenntnis an das persönliche Element für das menschliche Leben.

Es ist ja nicht so, dass diese gestern geschilderte Erkenntnis, wenn sie an uns herankommt, gewissermaßen nur eine Fortsetzung dessen ist, was man unter der Flagge des «Man hat es gefunden» heute als Erkenntnis auffasst. Es ändert sich nicht bloß die Summe der Erkenntnisse, es ändert sich auch die ganze Art, wie man diese Erkenntnis erlebt.

Sehen wir uns einmal das hervorstechendste Charakterzeichen jener Erkenntnis an, in der es die gegenwärtige Menschheit gerade zur allerhöchsten Höhe gebracht hat. Ich will damit gar nicht etwas einwenden gegen diese Erkenntnisart. Sie hat auf ihrem Boden die allergrößten Erfolge erzielt, hat der Menschheit in äußerer Beziehung außerordentlich viel Segen gebracht, allerdings einen Segen, der sich im gegenwärtigen Zeitalter der Zivilisation wiederum stark aufhebt. Aber diese Erkenntnis hat ein Kennzeichen, sie spricht davon, dass irgendetwas «wahr» oder «falsch» oder «irrtümlich» ist. Und man geht ja darauf aus, verstandesmäßig oder durch das, was der Verstand an der äußeren Welt sich erobern kann, zu entscheiden: Was ist wahr, was ist irrtümlich? – Man will logisch sein, will erfahrungsmäßig vorgehen, will Wahrheit und Irrtum erfahrungsgemäß feststellen. Gewiss, man hat schon Mittel, um Wahrheit und Irrtum erfahrungsgemäß festzustellen. Wie gesagt, eingewendet soll nichts gegen diese Methode werden; aber es soll hingestellt werden, wie anders jene Methoden auf den Menschen wirken, von denen ich gestern gesprochen habe. Wenn man nun schon wirklich etwas entdeckt hat, zu dem man sagt, das ist wahr, das ist falsch, das ist wirklich – dann bleibt es doch so auf einem abstrakten Tableau vor uns stehen. Es sondert sich auch in seiner Wahrheit und in seinem Irrtum so von uns ab, dass wir uns mit unserer Persönlichkeit wenig an dieser Wahrheit und an diesem Irrtum beteiligen. Gewiss, wir können für die Wahrheit enthusiasmiert sein und sollen es sein, wir können den Irrtum verabscheuen und sollen ihn verabscheuen, aber wenn wir alles, was wir als Wahrheit und Irrtum feststellen können, mit den anderen Lebensverhältnissen der Menschheit vergleichen, so zeigt sich doch ein gewaltiger Unterschied. Ich möchte etwas ganz Grobes sagen: Wenn wir das Hungerbedürfnis befriedigen, dann wissen wir, wir tun damit etwas an uns, was einen ganz persönlichen Charakter hat. Es lässt sich der Mensch dabei nicht ausschalten von dem, was wir da tun; es stellt sich das nicht auf einem solchen objektiven Tableau vor uns hin. Wenn wir dagegen über Wahrheit und Irrtum entscheiden, so wollen wir nicht eigentlich, dass dies mit uns in unmittelbarem Zusammenhange steht. Wenn wir gestern über eine Sache noch im Irrtum waren, heute über sie nicht mehr im Irrtum sind – gewiss, es ist eine abstrakte Entscheidung, aber wir sind dadurch in unserem persönlichen Sein nicht wesentlich geändert. Wenn wir jedoch seit gestern etwas gegessen haben, was wir vorher nicht gegessen haben, was wir uns innerlich einverleibt haben, dann hat sich in uns etwas persönlich geändert.

Diese Begriffe «Wahrheit» und «Irrtum,» «richtig» und «falsch» ändern sich im unmittelbaren Erleben der geisteswissenschaftlichen Wahrheiten. Indem man sich in jenen Erkenntnisweg hineinlebt, den ich gestern beschrieben habe, spricht man allmählich nicht mehr so, dass man sagt, etwas ist wahr, etwas ist Irrtum oder falsch. Diese Worte gelten eigentlich im Grunde genommen für das, was in der äußeren materiellen Welt von uns anerkannt oder abgewiesen werden kann, und die wenigsten Menschen wissen ja, was es mit dieser Wahrheit oder diesem Irrtum eigentlich auf sich hat. Denn dringt man ein wenig ein in das, was es heißt, etwas ist wahr, etwas ist falsch –

so muss man zurückgehen in der Auffassung der Menschen über diese Begriffe Wahrheit und Irrtum, und dann kommt man auf etwas ganz Besonderes. Gerade wenn man in verschiedenen Sprachen die Bezeichnungen für Wahrheit und Irrtum auffasst, kommt man darauf, dass diese beiden Begriffe in ihrer heutigen Abstraktheit ja erst entstanden sind. Sie waren in früheren Zeiten nicht vorhanden, sie sind ein Entwickelungsprodukt. In früheren Zeiten galt einmal eine bestimmte Sache, die ein Mensch anerkennen sollte, als das, was von den Göttern gewollt ist; und was er nicht anerkennen sollte, war das, was von den Göttern nicht gewollt ist. So unterschied man die Welt als das von den Göttern Gewollte und als das von ihnen nicht Gewollte. Und indem der Mensch das anerkannte, was von den Göttern gewollt wurde, war er wahr, war er treu den Göttern. Das Wort «treu» für «wahr» erkennt man noch in verschiedenen Sprachen. Wahr: treu der göttlichen Weltordnung, unwahr: untreu der göttlichen Weltordnung. Die andere Auffassung ist erst hinterher gekommen. Als der Intellekt alle Erkenntnis beherrschend geworden ist, hat man vergessen, auf welche Urgründe die Bezeichnungen Wahrheit und Irrtum eigentlich zurückgehen. Und so stehen wir heute der anerkannten Erkenntnis unpersönlich, ja in einem hohen Grade gleichgültig gegenüber.

Die Erkenntnisart, von der ich gestern gesprochen habe, führt uns wieder dazu, etwas Reales, etwas Konkretes mit dem zu verbinden, was wir anerkennen, und mit dem, was wir abweisen. Daher sprechen wir in der anthroposophisch orientierten Geisteswissenschaft nicht bloß davon, dass etwas wahr ist, sondern wir kommen da zu einem Begriff, der sehr ähnlich dem ist, wenn wir etwas gesund für uns Menschen nennen. Und was in der hier gemeinten Geisteswissenschaft gestern von mir vorgebracht worden ist, bezeichnet der, der in ihr drinnen steht, viel lieber als «gesund» denn als «wahr.» Man spricht von gesunden Erkenntnissen, und man spricht von kranken Erkenntnissen, die abgewiesen werden sollen. So treten allmählich an die Stelle der Begriffe wahr und irrtümlich, die nur für die physische Welt gelten, die Begriffe gesund und krank. Dadurch ist man aber als Mensch genötigt, persönlich schon der ganzen Erkenntnis näherzukommen. Denn wir sind ja in begreiflicher Weise gewöhnt, irgendetwas als gesund zu empfinden, was wir begehren, was wir wollen, wozu unsere Persönlichkeit drängt. Dagegen weisen wir, sofern wir es können, das Kranke zurück als das, wozu unsere Persönlichkeit nicht drängt.

Indem sich so für uns das, was wahr ist, verwandelt in das Lebenfördernde, in das Gesunde, in das Lebenbereichernde – und das Unwahre, für uns Irrtümliche, in das das Leben Verarmende, das Leben Krankmachende, es Lähmende und Verödende, erweisen sich nach und nach die Vorstellungen, die man hat, als etwas, was sich allmählich mit unserem Empfinden und mit unserem ganzen persönlichen Leben intensiv verbindet. Dadurch ist es so, dass man der heute gebräuchlichen Erkenntnis wie einer Persönlichkeit entgegenkommt, die einen mehr oder weniger gleichgültig lässt, mit der man eigentlich – so ist es ja in der Mehrheit der Fälle – nur ein äußeres, konventionelles Verhältnis hat. Der hier gemeinten Geisteswissenschaft dagegen kommt man nicht auf eine so konventionelle Weise entgegen. Ihr kommt man entgegen wie einem Freunde, wie einer Wesenheit selber, zu der man Liebe aus dem Elementarsten seines Wesens heraus empfinden kann. Dadurch wird diese Geisteswissenschaft immer mehr und mehr zu einer persönlichen Angelegenheit.

Wenn man so zu den Wahrheiten hingeht, die ich gestern nur andeuten konnte – von dem vorgeburtlichen, vorirdischen Leben des Menschen; von einem geistig-seelischen Wesen des Menschen, das aus einer rein geistigen Welt durch Empfängnis und Geburt heruntersteigt in den physischen Menschenleib; oder wenn man, wie Sie dies aus der Literatur der Anthroposophie ersehen können, immer weiter und weiter hineinkommt in die Gebiete der geistigen Welten, die der Mensch zwischen dem Tode und einer neuen Geburt durchlebt, so wie er hier durch seine Sinne die physische Welt durchlebt –, wenn man in diese Welten immer mehr und mehr hineinkommt, dann fühlt man sich mit einem gewissen Inhalt dieser Welten so verbunden, dass man sein eigenes Sein an die gesunden Erkenntnisse, an die gesunden Anschauungen anknüpfen muss. Und ebenso fühlt man, dass man von dem, was man kranke Anschauungen nennen muss, abrücken muss, wegkommen muss.

Wir wissen zum Beispiel, um einen Vergleich zu gewinnen für das, was ich meine, dass der Mensch, der sein Dasein physisch normal entfalten kann, Nahrung genießt, dass diese Nahrung in ihm eine Verwandlung durchmacht und dass er dadurch ersetzen kann, was er von seinem Körperlichen verbraucht, und wir wissen, dass er sein gesundes Wohlbefinden in dieser Umwandlung der äußeren Nahrungsmittel für sein persönliches physisches Dasein hat. Wir wissen aber auch, dass beim Menschenwesen Verhältnisse eintreten können, durch die er vielleicht keine Nahrungsmittel aufnehmen kann, weil sein Organismus nicht dazu angetan ist, sie in der entsprechenden Weise zu verdauen, weil sein Verdauungssystem krank ist, oder es kann andere Gründe geben, warum der Mensch das, was er verliert, nicht durch die Nahrung ersetzen kann. Dann zehrt er von dem, was in seinem eigenen Leibe ist, dann beginnt er, sich selber zu verzehren.

Das ist etwas, was uns hinführt zu dem Zusammenhange von gewissen Krankheitserscheinungen mit dem Verzehren des eigenen Leibes. Aber das ist auch das, in was man hineinwächst, wenn man allmählich über die geistige Welt Erkenntnisse gewinnt. Man hat gegenüber den Erkenntnissen, die gesundend wirken, eben das Gefühl: Man kommt durch sie zusammen mit der geistigen Welt, man geht durch sie in der geistigen Welt auf, man wird eins mit der geistigen Welt, man macht den Weg zu den Göttern, man macht den Weg zu der eigenen unsterblichen Seele. Man macht den Weg zu dem, was man durchlebt, wenn man durch die Todespforte gegangen ist und sich in der geistigen Welt findet, man macht aber auch den Weg zu dem, was man durchlebt hat, bevor man durch die Empfängnis oder Geburt aus der geistigen Welt auf die Erde herabgestiegen ist. Das alles empfindet man so, als ob man als Mensch in die Welt hinaus sein Dasein hingegeben habe, aber dadurch im Inneren voller, reicher geworden wäre. Dadurch, dass man allmählich geradezu Welt wird, erfasst man sich erst in seiner vollen menschlichen

Innerlichkeit. Und in der Art, wie sich eine solche Erkenntnis, eine solche gesunde Erkenntnis in einen einlebt, empfindet man, wie ja das ganze Sein des Menschen davon abhängt, dass man mit der Welt zusammenkommt. Ebenso empfindet man es nach und nach, dass das Entbehren solcher gesunder Wahrheiten so ist, als ob wir hineinlebten in die Welt ohne Aufnahmeorgan für die Nahrung und uns selber verzehren müssten. Und dasjenige, demgegenüber man das Gefühl hat, dass es etwas ist, was abgewiesen werden muss, was als krank machender Inhalt der Welt sich ergibt, das empfindet man, wenn man es aufnimmt, so, als wenn man sich selbst verzehren, als wenn man immer weniger und weniger würde.

Das ist der Unterschied zwischen dem Wahrheitsuchen, wenn man bloß im Intellektuellen bleibt, und dem, wenn man vordringt zu wirklichen geistigen Erkenntnissen, wozu ich gestern den Weg schilderte. Hier in der Sphäre des Intellektuellen kann man streiten über Idealismus, Spiritualismus und Materialismus, das eine macht freundliche Gesinnung, das andere tut nicht weh, es ist nicht ein intensives Menschliches darinnen. Wer dagegen die geistigen Wahrheiten, also die gesunde geistige Erkenntnis ergreift, den schmerzen die Ideen, die in materialistischer Richtung orientiert sind, weil er weiß, durch diese materialistisch gefärbten Wahrheiten verzehrt sich der Mensch. Damit aber bekommen die geistigen Wahrheiten wiederum zwei neue Nuancen – Nuancen, die man sehr scharf empfinden kann, wenn man sich allmählich in das Erfassen der geistigen Erkenntnis hineinlebt. Da lernt man erkennen die Verwandtschaft der Wahrheit mit der Liebe, die Verwandtschaft der gesunden Erkenntnis mit der Selbstlosigkeit des Menschen, aber jener Selbstlosigkeit, die nicht das Selbst verliert, sondern indem sie sich entwickelt, das Selbst erst recht gewinnt. Wenn der Mensch aus sich herauszugehen und in die Welt hineinzugehen weiß, wenn er in diesem Sinne – nicht dass er inhaltleer wird, sondern sich mit Welteninhalt erfüllt – selbstlos ist, dann führt diese Selbstlosigkeit erst zum rechten Menschensein, zum rechten Menschenfühlen, zum Seeleninhalt überhaupt.

Dieses Hingegebensein an die geistigen Tatsachen des Lebens, das ähnlich ist der Liebe, das ist es, was sich einem dann aufdrängt als eine Art Charaktereigenschaft. Sie wird daher eine charakteristische Erscheinung bei demjenigen, der geistige Erkenntnisse aufnehmen kann. Daher ist es auch so: Man verspürt in den Menschen nicht viel von den Charakterimpulsen der bloß intellektualistischen Verstandeserkenntnisse, weil sie eben nicht nahe an die Persönlichkeit herankommen, aber wenn man die geistige Erkenntnis in ihrem innersten Wesenskern erfasst, dann wird man auch wissen, dass man diese geistige Erkenntnis nicht anerkennen kann, ohne dass sie einem den Charakter verwandelt, ohne dass sie eine, wenn ich das Paradoxon gebrauchen darf, wie in seelisches Fleisch und Blut hineingehende Charaktereigenschaft bringt, nämlich Hinneigung zunächst zur Selbstlosigkeit, zur Liebe. Das ist es, was die Aneignung von geistigen Wahrheiten von dem Aneignen physischer Wahrheiten unterscheidet.

Und wiederum lernt man erkennen, wie man in sich hinein verzehrend lebt, bei sich bleibt, wenn man die ungesunden Erkenntnisse aufnimmt, wie man sich da wirklich in geistiger Beziehung selber verzehrt. Und man lernt mit den beiden Empfindungsnuancen das erkennen, was der innerste Egoismus in der menschlichen Natur sein kann. Man lernt also an dieser Erkenntnis Liebe und Egoismus erkennen, und es gehört sogar zu den größten Errungenschaften, die durch geisteswissenschaftliche Erkenntnis an den Menschen herantreten können, dass die Ergebnisse dieser Geist-Erkenntnis charakterologisch sein können, dass solche Charaktereigenschaften notwendig werden können. Die bloß abstrakte Verstandeserkenntnis nimmt sich eigentlich aus wie eine künstlich aus Wachs gebildete Pflanzenwurzel. Aus der kommt keine Pflanze hervor, sie ist ja auch durch unseren Verstand künstlich gemacht. Alle die Erkenntnisse, die wir heute so verehren, so nützlich sie sind und nicht angefochten werden sollen, sie sind durch den Verstand künstlich geformt. Aus der wirklichen Pflanzenwurzel aber kommt auch die wirkliche Pflanze heraus. Und aus der wirklichen Erkenntnis, durch die der Mensch seinen Geist mit den Geistern der Welt verbinden kann, kommt nach und nach heraus der ganze innere Mensch: der Mensch, der in lebendigem Gefühl versteht, was Selbstlosigkeit, selbstlose Liebe, und was Egoismus ist, und der von diesem Verstehen nun Antriebe erhält, im Leben zu wirken, zu wirken da, wo es richtig ist, in Selbstlosigkeit, oder da, wo er es notwendig hat, zum Beispiel zur Vorbereitung des Lebens aus sich selbst heraus zu schöpfen, mit vollem Bewusstsein nichts bemäntelnd, dann diesen Egoismus zu entwickeln.

Dadurch entsteht eine gewisse Hellsichtigkeit in der menschlichen Selbstbeobachtung und in der Überführung dieser Selbstbeobachtung in das äußere Tun. Ein seelisch-geistiger Mensch sprießt und sprosst hervor aus dem, was geistige Erkenntnis werden kann. Dadurch aber kommen wir ganz praktisch durch eine solche Erkenntnis heran an das Moralische. Wenn wir unsere heute anerkannte Erkenntnis treiben, so setzen wir ja unseren Stolz darein, nur ja nicht den Übergang ins Moralische zu finden. Wir wollen dadurch «objektiv» sein, dass wir sagen: Nun ja, die Vorgänge in der unorganischen, leblosen Natur müssen wir natürlich nach ihren Naturgesetzen so durchschauen, dass wir in ihnen Ursachen und Wirkungen verfolgen, aber das Moralische finden wir darin gar nicht. – Wir setzen unseren Stolz darein, diese Methode nun weiter fortzusetzen in die belebten Naturvorgänge hinein, ins Pflanzliche, Tierische und Menschliche hinein und als Moral nur gelten zu lassen, was ja nur aus gewissen Tiefen der Menschennatur hervorsprießt, wovon wir aber nicht sagen können, dass es sich in der Welt auch durch seine innere Kraft und Impulsivität Geltung verschaffen und den Übergang finden könne ins objektive Sein.

Indem wir so durch eine Geist-Erkenntnis getrieben werden, einerseits in uns intensiv lebendig das Erleben der Selbstlosigkeit, der liebevollen Hingabe an die Sache auszubilden – denn ohne diese ist Geist-Erkenntnis nicht möglich –, andererseits uns ein feines Empfinden anzueignen für das, was selbstverzehrender Egoismus ist, treiben wir mit der Geist-Erkenntnis unmittelbar in die moralische Weltordnung hinein. Deshalb stellt sich uns dann nach und nach auch diese moralische Weltordnung wirklich in ihrer Konkretheit dar, und wir gelangen dazu, nicht nur in einer abstrakten Weise auf das vorirdische Menschenleben hinzuschauen, das heißt auf dasjenige, was der Mensch als geistig-seelisches Wesen durchgemacht hat, bevor er durch Empfängnis und Geburt auf die Erde heruntergestiegen ist, sondern wir gelangen dazu, wirklich hineinzuschauen in die geistige Welt, wie wir durch unsere physischen Sinne in die physische Umgebung schauen. Und wir lernen auf diese Weise erkennen, wie wir dort in der geistigen Welt umgeben sind von geistigen Wesenheiten, die niemals einen physischen Leib annehmen, so wie wir hier in der physischen Welt uns zusammenfinden mit Wesen, die gleich uns in einem physischen Leibe sind. Wir lernen aber diese geistige Welt und ihre Wesenheiten konkret kennen; wir lernen sie nicht kennen, ohne dass wir durch den Erkenntnisweg uns innerlich charakterologisch, lebensvoll angeeignet haben die Empfindung von der Selbstlosigkeit, von der selbstlosen Hingabe. Denn das ist das Geheimnis des irdischen körperlichen Daseins: Indem wir von unserer Geburt an durch das kindliche Lebensalter, wo wir noch mehr oder weniger triebhaft-unbewusst oder halbbewusst sind, hindurch immer mehr und mehr in unseren Körper hineinwachsen, treten wir – und das ist gerade das, was sich vor das Seelenauge eines Menschen so klar hinstellt – im physischen Leben durchaus durch unsere physischen Organe an die Welt heran. Wir verlieren uns seelisch und geistig, indem wir schaffend tätig sind, allerdings an unseren Körper. Aber dieses Seelisch-Geistige löscht sich für unser Bewusstsein aus. Aller Weltinhalt wird uns durch das Körperliche vermittelt. Daher hat für das irdische Bewusstsein der Materialismus recht, denn im Irdischen müssen wir uns des Körpers bedienen, wenn wir beim irdischen Bewusstsein, das uns auch nur dieses Körperliche gibt, bleiben. Für das irdische Bewusstsein müssen wir bei der Wahrnehmung des Körperlichen bleiben, wenn wir uns nicht zu der vom Körperlichen unabhängigen Bewusstheit erheben wollen.

So müssen wir sagen: Um zum Ergreifen der geistigen Welt und seines eigenen übersinnlichen Wesens zu kommen, muss der Mensch etwas in sich entwickeln, woran ihn der Körper hindert, es zu ergreifen. Der Körper reißt uns heraus aus der geistigen Welt, er entfremdet uns der geistigen Welt und führt uns immer mehr auf das eigene Selbst und auf die Egoität zurück, und wir müssen es in der geistigen Erkenntnis so machen wie in der Liebe, wo wir aus uns heraus müssen. Da stellt sich insbesondere dann, wenn der Mensch zu einer vom Körperlichen unabhängigen Bewusstheit kommt, die tief bedeutsame Wahrheit heraus, dass der Mensch wiederholte Erdenleben durchmacht. Was in unserer Seele durch die wiederholten Erdenleben auftritt, das beachten wir deshalb nicht, weil wir in unserem Körper drinnen stecken. Wir lernen im Leben einen Menschen kennen, dessen Erlebnis für uns ein Schicksal ist. Wir treffen ihn in einem bestimmten Lebensjahre, wir erleben mit ihm etwas, was nun Einschlag wird unseres ganzen folgenden Lebens. Wenn wir nun unbefangen auf unseren Lebensweg bis zu diesem Moment zurückschauen, wo wir diesen anderen Menschen getroffen haben, dann finden wir, wenn wir geistig schauen, was wir mit dem körperlichen Schauen nicht finden können, dass eigentlich unser bisheriges Erdenleben ein Suchen dieses Menschen war. Daher haben Leute, die in diesem Sinne alt geworden sind, rückschauend auf dieses Erdenleben auch immer gesagt: Es nimmt sich ganz planvoll aus, was wir in diesem Erdenleben gefunden haben.[3] Es ist so, wie wenn man schon als kleines Kind die Richtung dahin nimmt, später mit einem bestimmten Menschen zusammenzu-treffen. – Man muss, wenn man seinen Lebensweg geistig überschaut, dann sagen, man richtet jeden Schritt darauf ein, dass ein solches Erlebnis zuletzt sich vollziehen kann. Und wenn man in diesem Erleben immer weiter und weiter kommt, dann kommt man zu der Einsicht, dass alles, was man tut, was unter dem Einfluss der physischen Erden-kräfte steht, durch etwas anderes gelenkt wird. Und wir kommen dazu, anzuerkennen, dass dieses Leben, das wir gegenwärtig leben, abhängig ist von früheren Erdenleben, zwischen denen andere Leben zwischen Tod und neuer Geburt in einer geistigen Welt waren.

Aber wir kommen nicht zur Anerkennung dieser anderen Leben, wenn wir nicht Erkenntnisliebe und liebende Erkenntnis entwickeln können. Denn der, der wir damals waren, der ist nicht so leicht zu erreichen, wie man sich dies oftmals vorstellt. Was wir in einem früheren Erdenleben waren, das ist der gegenwärtigen Persönlichkeit so fremd wie ein anderer Mensch, dem wir begegnen. Und nur wenn wir liebende Erkenntnis und Erkenntnisliebe entwickeln können, können wir diesen anderen, dem wir zunächst ganz fremd gegenüberstehen, auch wirklich mit der Erkenntnis erfassen. Dann tritt er herein in unser Bewusstsein.

So ist es mit allen Schritten der höheren geistigen Erkenntnis, dass wir etwas entwickeln müssen wie liebende Erkenntnis, also etwas, was mit unserer Persönlichkeit innig zusammenhängt, woran wir unmittelbar persönlich beteiligt sind, und was wir sogar gar nicht haben können, ohne dass wir daran persönlich beteiligt sind. Dadurch aber, dass wir in eine solche Welt hineinwachsen, dass wir tatsächlich im Erkennen das Dasein erweitern über Geburt und Tod hinaus, dass wir es erweitern auch über die sinnliche Welt hinaus – im Pflanzenreich, Tierreich, Mineralreich, überall sehen wir geistig wirksame Wesen –, dadurch steigen wir zu einem Reich der Wirklichkeit auf, das nun die sittlichen Impulse in unserer Erkenntnis annehmen kann. Speziell für den Menschen nimmt sich das etwa in der folgenden Weise aus. Wir sagen, es ist oftmals außerordentlich bedrückend, das Schicksal zu ertragen. Gewiss, wenn wir hier im physisch-sinnlichen Erdenleben bleiben, so sehen wir, wie nur allzu häufig das, was den besten sittlichen Impulsen entspringt, wenig Erfolge trägt, während manches, was gar nicht guten, sittlichen Impulsen entspringt, gute Erfolge davonträgt. Warum ist das so? Es ist so aus dem Grunde, weil eben diese physisch-sinnliche Welt, die wir gewissermaßen auch «angezogen» haben, nämlich ein Stück von ihr als das Kleid unseres Leibes, ja gar nicht sittliche Impulse enthält. Es löschen sich zunächst aus unserem ganzen Tun und Treiben innerhalb der physischen Welt die sittlichen Impulse aus, höchstens der konventionelle Ausgleich kann kommen. Aber durch Geist-Erkenntnis lernen wir diese Welt erkennen als nicht die einzige, sondern als überall durchsetzt von Geistigem, und wir lernen auch erkennen, wie wir das, was wir mit uns tragen in unserem sittlichen oder unsittlichen Handeln, hineintragen in diese Welt des Geistigen. Lernen wir die Wahrheit als das Gesunde, die Irrtümer als das Kranke erkennen, dann dehnen wir diese Erkenntnis auch aus auf die sittliche Wahrheit und die unsittlichen Irrtümer, und wir lernen erkennen, wie der Mensch dadurch, dass er sich der sittlichen Wahrheit hingibt, innerlich, geistig-seelisch, ein voll ausgebildeter Mensch wird. Das braucht im gegenwärtigen Erdenleibe nicht unmittelbar zum Ausdruck zu kommen. Dadurch, dass einer sittliche Impulse in sich erlebt, wird er ein innerlich voll ausgebildeter geistig-sittlicher Mensch. Dadurch, dass sich jemand hingibt dem Irrtum, wird er innerlich, geistig-seelisch ein Krüppel. Dann lernt man das Sittliche als Gesundendes und das Irrtümliche als Krankmachendes erkennen, und man lernt erkennen, wie das Leben in der sittlichen Wahrheit den Menschen harmonisch ausgestaltet. Doch in dem Zyklus der Entwickelung, in dem wir drinnen sind, ist das nun etwas, was sich in dem physischen Leibe, den wir als das Ergebnis dessen tragen, was wir uns im vorigen Erdenleben schaffend angeeignet haben, nicht gleich zum Ausdruck bringt. Aber wir werden, indem wir uns der sittlich gesunden Wahrheit oder dem sittlich ungesunden Irrtum hingeben, entweder gesunde, harmonische Menschen an Geist und Seele, oder wir werden geistig und seelisch Krüppel. Gehen wir durch die Pforte des Todes, legen wir den physischen Leib ab, dann ist dieser kein Hindernis mehr, dann nimmt unsere geistig-seelische Wesenheit diejenige Physiognomie in ihrer Gänze an, die wir uns durch das Erleben des Sittlich-Guten oder des Sittlich-Bösen angeeignet haben; dann leben wir da entweder als ein Vollmensch an Seele und Geist oder als ein geistig-seelischer Krüppel.

Und so gehen wir durch die geistige Welt durch, bis wir wieder zu einem physischen Erdenkörper kommen, durch den wir uns von innen heraus unser eigenes Schicksal bauen, indem wir entweder dadurch, dass wir aus einem früheren Erdenleben ein harmonisches Geistig-Seelisches an uns tragen, diesen Erdenkörper auch vollinhaltlicher gestalten können, ihn zu dem oder jenem Tüchtigen im

Leben führen können, oder dadurch, dass wir als moralische Krüppel ankommen, ungeschickt und ungelenk leben in der Führung unseres Erdenkörpers, vom Embryo bis herauf zum Erwachsenen, dadurch uns ein inneres Schicksal bereiten, das dann auch zum äußeren Schicksal wird. Wer das Leben unbefangen zu betrachten vermag, der wird finden, wie sich das innere Schicksalbilden mit dem äußeren Schicksalerleben zusammenkettet, indem wir imstande sind, uns des Leibes und dessen, was mit ihm zusammenhängt, zu bedienen, wo wir durch unseren Leib mit der sinnlich-physischen Welt verkehren, ihn von innen heraus geschickt oder ungelenk gebrauchen können. Dadurch bereiten wir auch die äußeren Ereignisse, teilweise wenigstens, in einer solchen Weise zu, dass sich auch das äußere Schicksal ergibt als ein teilweises Ergebnis des inneren Schicksals. Und das, was wir so durchmachen, gleicht sich in den aufeinanderfolgenden Erdenleben wiederum aus.

So gewinnen wir in der geistigen Welt – und hier ist es, wo sich wahr und falsch in geistiger Beziehung in gesund und krank verwandelt – tatsächlich die Gestaltungskräfte des Geistig-Seelischen und der moralischen Impulse. Es wird uns die moralische Welt zu einer ebensolchen Realität, und wir sagen uns: In dem einen Erdenleben kann der moralische Impuls nicht unmittelbar eine Wirkung im Physischen erzielen; wenn er aber von dem einen Erdenleben ins nächste hinübergeht, dann hat er seine gesundende Wirkung auch in aller Realität, so wie die Wärmekraft, das Licht und die Elektrizität in der physischen Welt ihre Wirkung haben. Dass wir der Meinung sind, die moralische Weltordnung wäre bloß eine aus dem Menschen entsprungene Abstraktheit, rührt nur davon her, dass wir nur die für die physische Welt zusammenfassenden Bedingungen zu kennen meinen. Wir überschauen da von der Wirkung aus den Weg der Ursachen.

In der geistigen Welt können wir jedoch ebenso die Bedingungen des Zusammenwirkens der Kräfte erkennen, nur müssen wir für die Wirkungen in einem Erdenleben auch die Ursachen dazu in einem früheren Erdenleben – zwischen beiden liegt dann ein Leben in der geistigen Welt –

erkennen. Mit anderen Worten, wir müssen das Niveau erkennen, auf dem sich für das menschliche Schicksal Ursache und Wirkung geltend machen. Dadurch erweitert sich das, was sonst nur als robuste physische Erkenntnis gilt, eben hinaus in die moralisch-geistige Weltordnung hinein, und wir erobern uns damit diese moralisch-geistige Weltordnung.

Es könnte nun der auch schon gestern angedeutete Einwand gegen diese Geisteserkenntnis erhoben werden: Das mag alles sehr schön sein, aber zunächst haben doch die Menschen diese Geist-Erkenntnis nicht, sondern nur wer ein Geistesforscher ist, kann das, was er in der geistigen Welt schaut, in Worte und in Ideen kleiden, und diese Ideen können dann erfasst werden. – Ich sagte schon gestern: Um ein Bild zu malen, muss man ein Maler sein, aber um die Schönheit und den inneren Gehalt des Bildes zu erleben, braucht man kein Maler zu sein, sondern dazu braucht man sich nur der unbefangenen, unbeirrten Menschennatur hinzugeben. So ist es in der Tat auch bei der Geisteswissenschaft. Um sie selber in Ideen zu «malen,» muss man Geistesforscher sein; wenn sie aber hingestellt wird, so wie sie in den Vorträgen, die darüber gehalten werden, und in unserer Literatur dargestellt ist, dann steht sie da wie das Bild vor dem Beschauer, der selber kein Maler ist. Nichts anderes braucht der Mensch, als sich seinem unbefangenen, unbeirrten Wirklichkeitssinn hinzugeben – und er bekommt den gesundenden Eindruck von der Schilderung der geistigen Welt! Ja, es muss darüber sogar etwas ganz Besonderes gesagt werden. Es ist ja heute noch immer so: Weil die Geisteswissenschaft, die hier gemeint ist, etwas verhältnismäßig Neues in unserer Zivilisation ist, deshalb steht ja auch der, der aus seiner unmittelbaren Erkenntnis heraus diese Geisteswissenschaft vertritt, recht einsam da, und er muss sich darauf beschränken, sie in Worte und Ideen zu kleiden, um sie den anderen Menschen mitzuteilen. Man könnte nun glauben, was er zu sagen hat, ginge eigentlich nur ihn an. So wie die Sachen aber heute liegen, noch liegen – man muss sehr hoffen, dass diese Dinge sehr bald anders werden, weil die Geisteswissenschaft für den Menschen etwas innerlich Belebendes ist –, so steht ja dem Geist-Erkennenden die Menschheit noch gegenüber als eine bloß aufnehmende. Für den aber, der heute in dieser Einsicht zur Geist-Erkenntnis in unmittelbarer eigener Anschauung vordringt, für den ist diese Geisteswissenschaft dennoch etwas anderes als für den Menschen, der sie zunächst, wie ich es eben geschildert habe, durch seinen unbeirrbaren Wahrheitssinn aufnimmt. Ich habe schon gestern angedeutet: An einem gewissen Punkte der Geist-Erkenntnis muss man einen Schmerz durchmachen, der sich sonst mit keinem Lebensschmerz vergleichen lässt. Es ist an dem Punkte, wo wir gerade über das eigene geistige Erleben zwischen Geburt und Tod hinausdringen in das weite Meer der geistigen Ewigkeit, in der wir sind, wenn wir durch die Pforte des Todes gegangen sind, oder in der wir waren, bevor wir durch die Geburt zum physischen Erdenleben heruntergeschritten sind. Man muss einen unsäglichen Schmerz durchmachen, wenn man in der Erkenntnis die sinnlich-physische Welt verlassen muss und eindringen will in die geistige Welt. Dieser Schmerz, möchte ich

sagen, färbt schon ab auf das gesamte Menschenleben. Und vor allen Dingen stellt sich für den,
der heute – und heute muss es ja so sein – aus
eigener Kraft die Initiation, die Einweihung in
die höhere Erkenntnis durchmacht, es stellt sich
diese höhere Erkenntnis als etwas ein, was zwar
zunächst seinen ganzen Menschen ergreift, sich
aber dann in einer unglaublich starken Weise von
ihm loslöst. Und gestatten Sie, dass ich an dieser
Stelle etwas schildere, was scheinbar einen ganz
persönlichen Charakter hat, aber das ganz Persönliche darin – ich will ja heute auch mehr auf das
Persönliche eingehen – hat schon einen unpersönlichen Charakter, das kann jeder erleben, der in
eine ähnliche Lage kommt.

Erst ergreift das Geist-Erkennen den ganzen
Menschen. Das gewöhnliche intellektualistische
Erkennen ergreift ja nur den Kopf des Menschen,
den Verstand, das heißt das, was im Grunde
genommen recht neutral sich zu dem unmittelbar
persönlichen Erleben verhält. Man weiß auch,
wie man nur den Kopf anstrengen muss, und wie
das andere alles Beigabe ist. Gewiss, man muss,

um gewisse Dinge in der heutigen Erkenntnis zu erreichen, viel sitzen. Es wissen manche von diesem Sitzen zu erzählen, das sie öfter unterbrochen haben, weil es nicht angenehm ist. Aber was man in der gewöhnlichen Erkenntnis anstrengt, ist eigentlich nicht der ganze Mensch. Dringt man jedoch, wie ich es geschildert habe, in wirklicher Erkenntnis der übersinnlichen Welt vor, dann hat man das Gefühl: Wenn du nur deinen Verstand, das, wozu der Kopf das Organ ist, anstrengst, dann verfliegt dir diese Geist-Erkenntnis wie Träume, sie verfliegt in ihren großen umfassenden Ideen wie auch in Bezug auf Details. Und es ist wirklich so, dass man beim Durchstoßen in die geistige Welt, beim Hinüberkommen über das, was man den «Hüter der Schwelle» zur geistigen Welt nennt, eine große Plage hat, nicht um den Inhalt, den man erkenntnismäßig erringt – der ist sehr real –, aber um das Erleben in vollster Realität in das Bewusstsein hereinzubringen. Es ist eigentlich so, dass sehr viele Menschen verhältnismäßig rasch Erlebnisse in der geistigen Welt haben können. Man muss aber Geistesgegenwart dazu haben, das heißt rasch auffassen. Für die meisten Menschen ist das, was sie in der geistigen Welt erleben, zwar da, aber ehe sie die Aufmerksamkeit darauf verwenden, ist es schon wieder weg. Man muss die Geistesgegenwart haben, den Seelenblick rasch auf das Erlebte hinzuwenden. Geistesgegenwart ist etwas ungeheuer Notwendiges für die Geisteserkenntnis. Man muss die Geistesgegenwart, wie ich sie in meinem Buche *Wie erlangt man Erkenntnisse der höheren Welten?* geschildert habe, ganz ernst nehmen. Wenn man dazu gelangt, diese eigentlich aus dem Raume und aus der Zeit draußen liegenden Erkenntnisse zu erfassen – weil sie draußen liegen, entschlüpfen sie einem auch leicht –, dann nehmen sie sich äußerlich wie Träume aus. Man hat eine Plage, sie über den Traumcharakter hinüberzunehmen. Es entschlüpft wie Träume, was man nur mit dem Kopf behandelt. Daher darf ich schon sagen: Wer aus der geistigen Welt heraus in Ideen redet, der muss auch in dem Momente, wo er redet, die geistige Welt immer vor sich haben. Er kann sich aber nur an dieses Drinnenstehen in der geistigen Welt gewöhnen, wenn er diese Erkenntnis, in irgendeiner Art wenigstens, mit dem ganzen Menschen teilt. Das kann der eine so machen, der andere anders. Mir zum Beispiel ist es immer eine Notwendigkeit, entweder durch einzelne abgerissene Worte oder durch kleine symbolische Zeichnungen das zu fixieren, was sich mir in geistiger Anschauung ergibt. Das ist nicht deshalb, um etwa medial zu schreiben. Es ist voll besonnenes, absolut bewusstes Schreiben, aber man betätigt dabei nicht bloß den Kopf, sondern auch noch etwas anderes, was die menschliche Tätigkeit vervollständigt zum ganzen Menschen hin, wenn man zugleich schreibt. Es kommt dabei gar nicht darauf an, dass man dies, was man so geschrieben hat, dann später als Notizen verwendet, sondern es kommt nur darauf an, was man tut. Ich kann Ihnen verraten, dass ich ganze Wagenladungen von Notizbüchern auf diese Weise in meinem Leben zustande gebracht habe, die ich nie wieder angesehen habe – weil es darauf ankommt, das, was man in der geistigen Welt geschaut hat, mit einer stärkeren Kraft festzuhalten, als es die bloße Kraft des Kopfes ist.[4] Und es wird mit einer stärkeren

Kraft festgehalten, wenn man das Erlebnis in die Hand hinein in jenen Willensimpuls ergießt, der zum Schreiben führt. Dies Fixieren der inneren Erlebnisse in der geistigen Welt hängt davon ab, dass man die Wahrheiten, ich möchte sagen «organisch» mit seinem ganzen Menschen erlebt.

Es kommt dann noch etwas anderes dazu, etwas, was nicht so bleiben muss in der Zivilisation, was auch bei früheren, ganz anders gearteten Wegen zur Initiations-Erkenntnis nicht so war. Was ich aber jetzt meine und was heute in einem hohen Grade so ist, das ist Folgendes: Wenn man Geisteswissenschaftliches irgendwie produziert hat und man will darauf später wieder zurückkommen, so ist dies – wenn man so alt geworden ist wie ich zum Beispiel und manches, was man nun mitzuteilen hat, vielleicht vor vierzig Jahren produziert hat – etwas sehr Altes eben, und dann ist die Tätigkeit, die man innerlich geistig ausübt, wirklich fast so, wie wenn man jemandem irgendetwas mitteilen will, was man in einem ganz fremden alten Buche liest. Verstehen Sie mich: Was man selber vor Jahren produziert hat, wird einem so fremd wie etwas, was in einem fremden Buche aus diesen Jahren steht. Es sondert sich – nicht so wie die abstrakte Erkenntnis, die ich geschildert habe –, aber es sondert sich geistig von einem ab. Was man sonst, wenn man außerhalb der Initiationserkenntnis steht, so recht als mit seiner eigenen Wesenheit verbunden fühlt, das tritt heraus wie ein zweiter Mensch. Ich kann sagen, manche Bücher von befreundeter Seite sind mir heute vertrauter als die, welche ich selber früher geschrieben habe. Ich lese meine früheren Bücher ohnedies nur, wenn ich muss, zum Beispiel wenn ich sie bei Neuauflagen korrigieren muss, denn sie sind mir ja fremd. So sondert sich heute noch das, was der Geistesforscher hervorbringen muss, von ihm ab, es wird etwas Objektives. Man kann daran nicht in einer ganz elementaren Weise etwa furchtbare Freude erleben oder furchtbare Erhebung haben und so weiter. Das ist aber nicht verbunden mit der Erkenntnis als solcher, sondern das ist verbunden mit der Art und Weise noch, wie man heute dazu kommen muss – in Einsamkeit. In der früheren Zeit, als noch eine viel mehr instinktive, weniger besonnene Art zur Initiationswissenschaft zu kommen geherrscht hat, da wurde diese Initiationswissenschaft überhaupt nicht gut in Einsamkeit gepflegt. Sie werden, wenn Sie die Geschichte in dieser Beziehung verfolgen, immer davon hören, dass die Initiationswissenschaft in Gesellschaften gepflegt wird. Solche Gesellschaften gibt es auch heute, aber sie treiben nur Tradition. Wer aber heute aus dem unmittelbar persönlichen Erkenntnisweg heraus spricht, ist schon zu einer gewissen Einsamkeit verurteilt.

Aber wie waren denn solche Gesellschaften eingerichtet, und wie wird es denn wiederum sein, wenn die Erkenntnis des Geistigen wieder in die Zivilisation aufgenommen sein wird, wenn sie wiederum berufen sein wird, in alle Lebenskreise und in alle Lebenspraxis einzuziehen? Denn das wird sie schon können, wenn die Menschen diese Geist-Erkenntnis ergreifen werden. Es war so, dass in solchen Gesellschaften durch eigene freie Übereinstimmung der eine diese, der andere jene Partie der Erkenntnis übernahm. Der eine konzentrierte sein eigenes geistiges Forschen darauf, den Einfluss der Welt der Gestirne auf das menschliche Leben zu erforschen, der andere darauf, den Weg des menschlichen Lebens von dem vorirdischen, geistigen Dasein in die irdische Sphäre hinein zu erforschen. Man wollte damit erreichen, dass die einzelnen Gebiete in allen Details erforscht werden könnten. Denn braucht man schon zehn Jahre, um etwas von dem Einfluss der Gestirne auf das Menschenleben zu erkennen, so braucht man, um wenige Schritte des Weges aus dem vorirdischen Leben in das Erdenleben hinein mit allen Details zu erforschen, eigentlich nicht zehn Jahre, sondern man brauchte eigentlich dazu ein ganzes Menschenleben. Daher war es ganz berechtigt, die einzelnen Wissensgebiete aufzuteilen. So lebte sich also jeder in das Gebiet hinein, worauf er sich besonders konzentrierte, und alles andere ließ er sich von den Genossen geben. Er hatte damit zugleich jenes innere Erlebnis, das im Produzieren der Erkenntnis besteht, und das andere Erlebnis, das im Empfangen der nicht selbst produzierten Erkenntnis besteht.

Wenn die Menschheit einmal wärmer werden wird, wenn sich die Herzen einmal öffnen werden in voller Wärme, dann wird es schon mit der Geisteswissenschaft so sein müssen wie mit einem gemalten Bilde. Dann wird der Mensch durch seinen natürlichen Wirklichkeitssinn auffassen, was in der Idee lebt, die er nicht selbst produziert hat, die er aber dadurch unmittelbar erlebt, dass er mit seinem unbefangenen Wahrheitssinn sie aufnimmt. Und auf der anderen Seite wird er auch jenen Schmerz und jenes Leid, von denen ich sprach, kurz, alle persönlichen Nuancen erleben an dem, was ihm als Erkenntnis entgegensteht. Dadurch wird er durchstoßen zu einem Erfassen des Geistigen mit seinen seelischen Kräften. Das kann der Mensch, indem er die geistigen Wahrheiten empfängt. Auf das muss er heute vielfach verzichten, in Bezug auf das muss er vielfach resignieren, wenn er ein gewisses Gebiet der geisteswissenschaftlichen Wahrheiten selbst produziert. Daher können die Früchte der geisteswissenschaftlichen Wahrheiten, wenn nur das volle warme Herz dazu da ist, gerade in diejenigen eindringen, die diese Wahrheiten empfangen. Empfangen musste man eben in den früheren geisteswissenschaftlichen Genossenschaften. Daher wurde einem ausgesondert – oder man isolierte sich selbst – ein bestimmtes Gebiet des geistigen Forschens, für das man verzichtete auf jenes das Leben Fördernde, Bereichernde des Empfangens. Dagegen hatte man dieses das Leben Bereichernde des Empfangens von den anderen Genossen. Etwas Ähnliches muss für die Zukunft wieder entstehen.

Ich schildere dies nicht deshalb, um gewissermaßen persönliche Erlebnisse vorzubringen, sondern um von dieser persönlichen, gefühlsmäßigen Seite darauf aufmerksam zu machen, dass die Früchte der hier gemeinten Geisteswissenschaft nicht allein davon abhängen, dass man sie selbst produziert. Hat man auf irgendeinem Gebiete etwas produziert, so kennt man eben das Produzieren. Und dazu kann jeder kommen, wenn er nur einigermaßen das ins Auge fasst, was ich zum Beispiel in meinem Buche *Wie erlangt man Erkenntnisse der höheren Welten?* geschildert habe als Seelenübungen, Meditation und Konzentration und so weiter. Wenn er dann dadurch die innere Seelentätigkeit auch nur für einige Schritte erfasst, die ins Leben hineinführen, dann öffnet er sich damit das Herz für das, was von den dazu berufenen Geistesforschern empfangen werden kann. Und dann wird die empfangene Geistesgabe das, was sich tief mit dem Persönlichen des Menschen verbinden kann, weil sie zu dem Persönlichen des Menschen spricht. Dann kommt der Mensch mit dem Persönlichen an die Quellen jenes Lebens, aus dem das Ewige in seiner Wesenheit stammt. Dann vertieft er sich in das hinein, was vor dem Erdenleben des Menschen war, was nach dem Erdenleben sein wird, vertieft sich in die Erlebnisse, die man vor dem Erdenleben in der geistigen Welt gehabt hat, und die man nach dem Erdenleben, nach dem Durchgange durch die Todespforte in der geistigen Welt haben wird. Es wächst der zweite, höhere Mensch aus dem ersten, niederen heraus. Dieser zweite, höhere Mensch kann aber nicht herauswachsen, wir können nicht Verständnis gewinnen für die Ideen der Geisteswissenschaft, ohne dass wir uns ruhend fühlen mit etwas in der geistigen

Welt, so wie wir uns hier in der physischen Welt mit ihren robusten Naturideen in etwas ruhend fühlen. Dass wir Muskeln und Knochen haben, verbindet uns mit der äußeren Natur, wir ruhen dadurch mit unserer eigenen physischen Natur in der äußeren physischen Natur. Wenn wir den wahren Inhalt der geistigen Ideen erfassen und ihn erkennen als eins mit der geistigen Welt, dann lernen wir uns fühlen ruhend in einer geistig-göttlichen Welt, so wie wir uns durch unseren Körper ruhend fühlen in der sinnlichen Welt. Und auf dieses Sich-ruhend-Fühlen kommt es an, denn dadurch erfassen wir uns ebenso in unserem geistigen Sein, wie wir uns durch unseren Körper in unserem physischen Sein erfassen. Wie wir aber durch unseren Körper nur das vergängliche Sein erfassen, das Dasein zwischen Geburt und Tod, so erfassen wir uns durch unser geistig-seelisches, ewiges Dasein in der ewigen, göttlich-geistigen Welt. Gerade indem wir tiefer in das Persönliche untertauchen, erfahren wir, wie nicht nur der Mensch im allgemeinen, der abstrakte Mensch, in einer geistigen Welt wurzelt, sondern wir erfahren dann, wie jeder Einzelne gerade durch sein Persönlichstes – durch das, was er in voller Individualität an einem Orte und in einer Zeit auf der Erde erleben kann – ganz elementar in einer geistigen Welt wurzelt, in einer geistigen Welt, der er angehört, und die den Charakter der Ewigkeit trägt. Und indem er so fühlt, fühlt er sozusagen die Stimme, die ihm zuruft: Mache dich nicht durch die ungesunden geistigen Inhalte zum seelisch-geistigen Krüppel, denn wie auf jeden Menschen, so ist auch auf dich nicht nur im Allgemeinen gerechnet, sondern es ist auf dich gerechnet, insofern du ein ganz persönlicher, individueller Mensch bist!

Und in diesem persönlichen, individuellsten Menschentum taucht der Mensch unter in die religiöse und in die höchste künstlerische Stimmung, die man der Welt gegenüber empfinden kann. Daher führt Geisteswissenschaft unmittelbar in ein religiöses Erfühlen hinein. Und jeder kann aus unserer Literatur sehen, wie das Christentum vertieft wird, wie es erst in seinem vollen Lichte und in seiner wahren Wesenheit dargestellt werden kann durch das Untertauchen in die persönlichmenschlichen Erlebnisse des in einer persönlichen Gestalt erschienenen Christus.

Dadurch, dass wir auf diese Weise auf einem persönlichen Lebenswege zu einer ewigen geistigen Wesenheit vordringen, dadurch stellt sich unsere Persönlichkeit erst in der richtigen Nuance in die wirkliche Welt hinein, denn dadurch bekommen wir das Bewusstsein, dass auf jeden von uns als Persönlichkeit gerechnet ist. Und wir bekommen wirklich dann die Erkenntnis des Geistes wie etwas, was unmittelbar ein menschlich-persönlicher Lebensweg wird. Wir kommen uns dann vor wie innerlich ergriffen werdend von dem Inhalte der Geisteserkenntnis, wie unser Körper ergriffen wird von der Kraftgewalt des Blutes für sein Leben.

Wir kommen uns dann so vor, wie wenn wir unser individuelles, persönliches Dasein auf der Erde etwa durch folgenden Vergleich charakterisieren könnten. Irgendwo ist eine Versammlung. Wir sind aufgefordert, in diese Versammlung zu kommen. Wir sind deshalb aufgefordert, in diese Versammlung als Einzelner zu kommen, weil man dort darauf wartet, dass gerade das gesagt wird, was nur wir, was das einzelne Ich als persönliche Individualität vorbringen kann. Nehmen wir an, wir machen nun irgendetwas, bevor wir in die Versammlung gehen, wo auf uns gewartet wird, machen etwas, was zur Folge hat, dass wir nicht hingehen können. Wir kommen nicht. Wir sind derjenige, der erwartet wird – und der nicht kommt!

Indem Geisteswissenschaft persönlich-menschlichste Angelegenheit wird, lernt man allmählich erkennen, wie das, was man durch die Geisteswissenschaft im Leben tut, das Leben bereichert auch in seiner äußersten Praxis. Man lernt erkennen, dass dies die Richtung unseres persönlichsten Lebensweges nach etwas hin ist, wo man auf uns wartet. Indem wir in die geistige Welt hineinschauen, in die Welt, wo göttlich-geistige Wesenheiten schaffend an unserem individuellen Dasein tätig sind, schauen wir damit hinein in etwas, von dem man sieht, da wird auf uns gewartet, und wir werden die Erwartung, die man in uns setzt, nur erfüllen und bei denen ankommen, die die Genossen einer höheren, geistigen Welt sind, wenn wir durch den menschlich-persönlichen Lebensweg in die geistige Welt diesen ewigen Menschen in seiner vollen Harmonie, in seiner vollen Macht finden, indem wir das Geistig-Seelische in ihn aufnehmen. So führt uns die ins Menschliche vertiefte Geisteserkenntnis dazu, die Entscheidung darüber zu treffen, ob wir hingelangen oben in jenes Gebiet des menschlichen Miterlebens des Geistigen, wo auf uns gewartet wird, oder ob wir – wir gehen ja doch durch Geburten und Tode hin – einmal an jenem Punkte ankommen werden, wo uns einst das vorwurfsvolle Wort entgegentönen wird: *Auf dich ist gewartet worden – und du bist nicht gekommen!*

Anmerkungen

1 Rudolf Steiner: *Die Mission der Wahrheit*, Berlin 22.10.1909, in: *Metamorphosen des Seelenlebens – Pfade der Seelenerlebnisse*, Erster Teil, Gesamtausgabe Bibl.-Nr. 58, Dornach 1984.

2 Rudy Vandercruysse: Versuch über die Unwahrheit, in: *Das Goetheanum*, 42/2009, S. 10.

3 Vgl. hierzu die von Rudolf Steiner oft zitierte Stelle aus einem Brief Karl Ludwig Knebels, dem Freund Goethes: «Man wird bei genauer Beobachtung finden, dass in dem Leben der meisten Menschen sich ein gewisser Plan findet, der, durch die eigene Natur oder durch die Umstände, die sie führen, ihnen gleichsam vorgezeichnet ist. Die Zustände ihres Lebens mögen noch so abwechselnd und unveränderlich sein, es zeigt sich am Ende doch ein Ganzes, das unter sich eine gewisse Übereinstimmung bemerken lässt.» Aus: *Knebels literarischer Nachlaß und Briefwechsel*, hrsg. von Varnhagen v. Ense und Mundt, 2. Auflage, Band 3, S. 452.

4 Es haben sich über 600 Notizbüchern und noch mehr als 6000 Notizblätter erhalten. Das erste stammt aus dem Jahre 1876 von dem Fünfzehnjährigen, die letzten von 1924. Soweit möglich, erscheinen Veröffentlichungen daraus bei gegebener Gelegenheit im Rahmen der Gesamtausgabe, anderes wird in den *Beiträgen zur Rudolf Steiner Gesamtausgabe* abgedruckt.

Rudolf Steiner Impulse
Werde ein Mensch mit Initiative
12 Wege zum Schöpferischen im Menschen